BEI GRIN MACHT SICH IHR WISSEN BEZAHLT

AF168110

- Wir veröffentlichen Ihre Hausarbeit, Bachelor- und Masterarbeit

- Ihr eigenes eBook und Buch - weltweit in allen wichtigen Shops

- Verdienen Sie an jedem Verkauf

Jetzt bei www.GRIN.com hochladen und kostenlos publizieren

Das Beziehungsmanagement als Bestandteil des Key Supplier Managements. Erfolgsfaktoren von IT-Outsourcing-Vorhaben

Max Reckenburg

Bibliografische Information der Deutschen Nationalbibliothek:

Die Deutsche Nationalbibliothek verzeichnet diese Publikation in der Deutschen Nationalbibliografie; detaillierte bibliografische Daten sind im Internet über http://dnb.d-nb.de abrufbar.

ISBN: 9783346904911
Dieses Buch ist auch als E-Book erhältlich.

Druck und Bindung: Books on Demand GmbH, Norderstedt Germany
Gedruckt auf säurefreiem Papier aus verantwortungsvollen Quellen

Das vorliegende Werk wurde sorgfältig erarbeitet. Dennoch übernehmen Autoren und Verlag für die Richtigkeit von Angaben, Hinweisen, Links und Ratschlägen sowie eventuelle Druckfehler keine Haftung.

Das Buch bei GRIN: https://www.grin.com/document/1370627

Wirtschaftsinformatik

Das Beziehungsmanagement als Bestandteil des Key Supplier Managements

Studienarbeit 2012

I. Inhaltsverzeichnis

I. Inhaltsverzeichnis I

1. Einleitung 1

2. Grundlagen des IT-Outsourcings 2

   2.1 Definition und Ziele 2

   2.2 Organisatorische Umsetzung 3

   2.3 Die WAN-Infrastruktur als IT-Outsourcing-Komponente 3

3. Grundlagen des Supplier Relationship Managements 4

   3.1 Definition 4

   3.2 Abgrenzungen 5

   3.3 Key Supplier Management 5

4. Das Beziehungsmanagement als Bestandteil des Key Supplier Managements ... 6

   4.1 Bedeutung 6

   4.2 Erfolgsfaktoren 7

   4.3 Koordination durch unternehmensübergreifende Teams 8

5. Fazit und Ausblick 9

II. Anhangsverzeichnis III

III. Anhang A1

IV. Glossar IV

V. Quellenverzeichnis VI

1. Einleitung

„Outsourcing liegt im Trend."[1] Das gilt insbesondere für konzerneigene IT-Dienstleister, die vor allem Infrastruktur-Dienste von darauf spezialisierten Unternehmen ausführen lassen.[2] Die Hintergründe dieser These und die organisatorische Umsetzung derartiger Outsourcing-Projekte sowie die WAN-Infrastruktur als IT-Outsourcing-Komponente werden in Kapitel 2 erläutert.

Infolge eines Outsourcing-Projektes „wird ... gerade dem Inputbereich zukünftig eine Schlüsselrolle für die dauerhafte Erreichung und Behauptung des Unternehmenserfolges (‚Erfolgspotential') zukommen."[3] Vor diesem Hintergrund wird in Kapitel 3 das Supplier Relationship Management vorgestellt und gegenüber nahestehenden Begrifflichkeiten abgegrenzt.[4] Ein weiterer Bestandteil dieses Kapitels ist das Key Supplier Management. Diesem kommt bei dem Supplier Relationship Management eine hohe Bedeutung zu, da es angemessene Beziehungen zu strategisch wichtigen Schlüssellieferanten sicherstellt.[5]

Bei dem Key Supplier Management kommt es vor allem auf eine unternehmensübergreifende Zusammenarbeit zwischen dem Unternehmen und den Outsourcing-Partnern an, wie Kapitel 4 zeigen wird.[6] Weiterhin werden in diesem Kapitel wesentliche Erfolgsfaktoren bei der Umsetzung eines Beziehungsmanagements erläutert.

Kapitel 5 schließt die Studienarbeit mit einer Zusammenfassung der gewonnen Erkenntnisse ab und gibt einen Ausblick auf die Entwicklungen des IT-Outsourcings und der unternehmensübergreifenden Zusammenarbeit.

---

[1] Hermes (2011), S. 67.
[2] vgl. Küchler (2004), S. 156; vgl. Hermes (2011), S. 67.
[3] Arnold (1995), S. 12; vgl. Arnold (1995), S. 12.
[4] vgl. Appelfeller/Buchholz (2005), S 4.
[5] vgl. Belz/Mühlmeyer (2001a), S. 9.
[6] vgl. Mühlmeyer/Zupancic (2001), S. 192-193.

2. Grundlagen des IT-Outsourcings

2.1 Definition und Ziele

„IT-Outsourcing ... bedeutet zunächst nur die Übertragung von Verantwortung aus der eigenen EDV- oder IT-Abteilung an einen externen Dienstleister."[7] Dieser bietet insbesondere Komplettlösungen an, die verschiedene Leistungen wie Beratungen oder individuelle Hard- und Softwareimplementierungen beinhalten.[8] Welche Leistungen durch einen IT-Dienstleister zu übernehmen sind, hat das Unternehmensmanagement im Rahmen einer Make-or-Buy-Analyse[9] zu entscheiden.[10] Zu beachten ist dabei, dass Outsourcing-Projekte selten eine Spiegelung der derzeitigen Systeme bedeuten, sondern hierbei Anpassungen mit Leistungsverlusten die Regel sind.[11]

Festzustellen ist, dass die Beschaffungsstrategien vieler Unternehmen eine immer größer werdende Reduzierung der Fertigungstiefe[12] durch Outsourcing vorsehen.[13] Damit wird vor allem das Ziel der Konzentration auf die Kernkompetenzen des Unternehmens verfolgt (sog. Lean Management).[14] Aber auch die hohe Dynamik der IT, der spezialisierte Dienstleister kostengünstiger und mit Synergieeffekten begegnen können, sowie Budgetdruck und Ressourcenmängel sind Gründe, die für das Outsourcing von IT-Komponenten sprechen.[15] Eine ausführliche Gegenüberstellung der Vor- und Nachteile von Outsourcing kann im Rahmen dieser Ausarbeitung nicht erfolgen, ist aber dem Anhang auf Seite A1 zu entnehmen.

---

[7] Küchler (2004), S. 54.
[8] vgl. Küchler (2004), S. 54.
[9] s. zum Begriff „Make-or-Buy-Analyse" Glossar, S. IV.
[10] vgl. Berning (2001), S. 109; vgl. Hofbauer/Hellwig (2009), S. 326; vgl. Zarnekow (2007), S. 67.
[11] vgl. Küchler (2004), S. 55.
[12] s. zum Begriff „Fertigungstiefe" Glossar, S. IV.
[13] vgl. Boutellier/Corsten (2000), S. 11-13.
[14] vgl. Haller (2010), S. 244.
[15] vgl. Böttcher (2008), S. 73.

2

2.2 Organisatorische Umsetzung

Die organisatorische Umsetzung des IT-Outsourcings kann auf verschiedene Art und Weise erfolgen. Eine Möglichkeit ist die Unterteilung der Beschaffungsfunktion in das Sourcing-Office und einzelne Sourcing-Manager. Während das Sourcing-Office vor allem die Definition der Beschaffungsstrategie sowie die Evaluation der Lieferanten zu verantworten hat, haben die Sourcing-Manager insbesondere die mit den Prozessverantwortlichen abzustimmenden IT-Leistungsplanungen sowie den IT-Leistungseinkauf und die IT-Leistungsüberwachung zur Aufgabe. Grafisch sind die hierfür notwendigen Kommunikationswege zwischen dem Lieferanten, der Beschaffungsfunktion und den Fachbereichen im Anhang auf Seite A3 dargestellt.[16]

Unabhängig vom Aufbau der Beschaffungsfunktion sollte bei der organisatorischen Umsetzung eine Kategorisierung der Lieferanten nach deren Bedeutung für das Unternehmen vorgenommen werden.[17] Nur so kann gewährleistet werden, dass die Beziehungen zu strategisch[18] wichtigen Lieferanten intensiver gepflegt werden, als die Kontakte zu ersetzbaren Lieferanten auf operativer Ebene wie es bspw. Anbieter von Steckern sind.[19] Den Mittelpunkt dieser Ausarbeitung stellen die strategischen Lieferantenbeziehungen dar, so dass Lieferanten mit vergleichsweise geringem Wertschöpfungsvolumen in den folgenden Betrachtungen unberücksichtigt bleiben.

2.3 Die WAN-Infrastruktur als IT-Outsourcing-Komponente

Um die in Kapitel 2.1 erläuterte Beschaffungsstrategie festlegen zu können, bedarf es zunächst einer groben Betrachtung der IT-orientierten Bereiche, die grundsätzlich für ein Outsourcing-Projekt geeignet sind. Hierzu zählt u.a. die Bereitstellung von

---

[16] vgl. Zarnekow (2007), S. 73.
[17] vgl. Hofbauer/Hellwig (2009), S. 335-336.
[18] s. zum Begriff „strategisch" Glossar, S. V.
[19] vgl. Böttcher (2008), S. 75; vgl. zur Gegenüberstellung der Ziele operativer und strategischer Beziehungen S. A5.

Endgeräten für Anwender wie bspw. Computer. Aber auch der User-Helpdesk sowie Applikationen und Serverleistungen sind bei Outsourcing-Entscheidungen zu berücksichtigen. Eine Übersicht hierzu ist im Anhang auf Seite A4 dargestellt.

Das Thema dieser Ausarbeitung wird vor dem Hintergrund einer weiteren IT-Outsourcing-Komponente, der WAN-Infrastruktur, betrachtet. WAN ist die Abkürzung für Wide Area Network und ermöglicht den Aufbau und Betrieb eines standortübergreifenden Netzwerkes.[20] Beim Outsourcing von Netzwerkleistungen handelt es sich um die in Kapitel 2.2 erläuterten strategischen Beziehungen zwischen dem Unternehmen und den Lieferanten.[21] In Kapitel 3.3 wird dieser Zusammenhang näher erläutert und begründet. Eine entsprechend hohe Bedeutung kommt beim Outsourcing der WAN-Infrastruktur dem Beziehungsmanagement zu, das den Schwerpunkt des folgenden Kapitels bildet.

3. Grundlagen des Supplier Relationship Managements

3.1 Definition

Die Betrachtung des Begriffes „Supplier Relationship Management" (SRM) kann in zwei Ausprägungen erfolgen. Zum einen werden unter SRMs IT-Lösung verstanden, die die operativen Beschaffungsprozesse vereinfachen sollen.[22] Zum anderen werden die Aufgaben eines SRMs als „... proaktive Gestaltung aller Lieferantenbeziehungen eines Unternehmens über alle Geschäftsbereiche ..."[23] definiert. Letztere Betrachtungsweise verfolgt insbesondere das Ziel eines schnellen und kostengünstigen Beschaffungsprozesses durch eine effiziente Zusammenarbeit mit den Lieferanten.[24] Daher nimmt das in Kapitel 4 näher erläuterte Beziehungsmanagement im SRM eine

---

[20] vgl. Küchler (2004), S. 85-86, 98-102, 104 u. 109-110.
[21] vgl. OGC (2008), S. 177-178.
[22] vgl. Appelfeller/Buchholz (2005), S. 3-4; vgl. Corsten/Hofstetter (2001), S. 131.
[23] Corsten/Hofstetter (2001), S. 131.
[24] vgl. Appelfeller/Buchholz (2005), S. 5; vgl. Corsten/Hofstetter (2001), S. 131.

zentrale Rolle ein und ist nach Auffassung einzelner Autoren als alleiniges Element eines SRMs zu definieren.[25] Weitere, im Rahmen dieser Ausarbeitung jedoch nicht weiter betrachtete Ziele des SRMs sind im Anhang auf Seite A6 zusammengefasst.

3.2 Abgrenzungen

Dem im vorigen Kapitel dargestellten SRM steht das Customer Relationship Management (CRM) gegenüber und kann dabei auch als „'Spiegelbild'"[26] betrachtet werden. Während das SRM die Beziehungen zu den Lieferanten verantwortet, gewährleistet das CRM die kontinuierliche Verbesserung der Kundenbeziehungen.[27]

Eine weitere Abgrenzung ist in Bezug auf die IT Infrastructure Library® (ITIL®)[28] vorzunehmen, da auch dieser De-facto Standard ein Supplier Management als Relationship Prozess vorsieht.[29] Wie im Anhang auf Seite A7 dargestellt, wird beim Supplier Management nach ITIL® im Gegensatz zum SRM jedoch nicht die effiziente Gestaltung der Lieferantenbeziehungen explizit berücksichtigt.[30] Da sich diese Ausarbeit auf das Beziehungsmanagement bezieht, wird das Supplier Management nach ITIL® in den folgenden Ausführungen nicht weiter betrachtet.

3.3 Key Supplier Management

---

[25] vgl. Riemer/Klein (2002), S. 7.
[26] Kleinaltenkamp/Saab (2009), S. 211.
[27] vgl. Kleinaltenkamp/Saab (2009), S. 210-211; vgl. Corsten/Hofstetter (2001), S. 130.
[28] s. zum Begriff „IT Infrastructure Library® (ITIL®)" Glossar, S. IV.
[29] s. zu den Begriffen „Supplier nach ITIL®", „Supplier Management nach ITIL®" u. „Relationship Prozess nach ITIL®" Glossar, S. V.
[30] vgl. Beims (2010), S. 12 u. 220-221; vgl. Ebel (2008), S. 311-318; vgl. OGC (2008), S. 170-171; s. zum Begriff „Supplier and Contract Database nach ITIL®" Glossar, S. V.

„Ein Schlüssellieferant (Anm. d. Verf.: Übersetzung des englischen Begriffes „Key Supplier") ist ein Lieferant, bei dem ein Unternehmen strategisch wichtige Güter und Dienstleistungen bezieht und mit dem eine enge Zusammenarbeit besteht."[31] Ein Beispiel für solche strategisch bedeutenden Dienstleistungen sind bei einem IT-Dienstleister WAN-Services, da sie eine langfristige Zusammenarbeit sowie effiziente Prozesse zur Umsetzung geänderter Anforderungen voraussetzen und damit die Kriterien für die Notwendigkeit eines Key Supplier Managements erfüllen.[32] Aus diesem Grund ist zur optimalen Abstimmung mit den Lieferanten bei WAN-Leistungen das Key Supplier Management verantwortlich.[33]

4. Das Beziehungsmanagement als Bestandteil des Key Supplier Managements

4.1 Bedeutung

Um das in Kapitel 3.1 erläuterte Ziel des SRMs, einen schnellen und kostengünstigen Beschaffungsprozesses durch eine effiziente Zusammenarbeit mit den Lieferanten erreichen zu können, ist ein funktionierendes Beziehungsmanagement eine wesentliche Grundlage.[34] Dies gilt vor allem für das Management strategischer Partnerschaften, wie es beim Outsourcing der WAN-Infrastruktur der Fall ist.[35]

Da es sich bei WAN-Leistungen im Wesentlichen um die Erbringung von Dienstleistungen handelt, wird die Bedeutung des Beziehungsmanagements auch dadurch verdeutlicht, dass es sich aufgrund der Nichtlagerfähigkeit von Dienstleistungen um ein Leistungsversprechen handelt, wobei das hierfür notwenige Vertrauen ausschließlich über eine intensive Beziehungspflege aufgebaut werden

---

[31] Belz/Mühlmeyer (2001a), S. 9.
[32] vgl. OGC (2008), S. 177-178; vgl. S. A12.
[33] vgl. Belz/Mühlmeyer (2001a), S. 9.
[34] vgl. Appelfeller/Buchholz (2005), S. 5; vgl. Corsten/Hofstetter (2001), S. 131; vgl. Merkle (2001), S. 287; vgl. Kapitel 3.1, S. 4.
[35] vgl. Boutellier/Wagner (2001), S. 52; vgl. Kapitel 2.3, S. 3; vgl. Kapitel 3.3, S. 5.

kann.[36] Auch die Überwachung und Evaluation der Lieferanten lässt durch ein Beziehungsmanagement exaktere Ergebnisse und Bewertungen zu.[37]

Auch vor dem Hintergrund eines mit einem Outsourcing-Projekt einhergehenden Standardisierungsprozesses nimmt das Beziehungsmanagement des SRMs eine wesentliche Rolle ein, da anstehende Veränderungen ausschließlich über abgestimmte Kommunikationsstrukturen erfolgreich umgesetzt werden können.[38] Welche Faktoren hierbei für den Erfolg des Beziehungsmanagements verantwortlich sind, wird im folgenden Kapitel beschrieben.

4.2 Erfolgsfaktoren

Ein wesentlicher Erfolgsfaktor des Beziehungsmanagements ist eine Zielkongruenz zwischen dem Unternehmen und dem Lieferanten.[39] Nur so ist gewährleistet, dass beide Partner bereit sind, ihre Prozesse im Sinne einer Effizienzsteigerung an die des anderen anzupassen.[40] Ein weiterer Erfolgsfaktor ist das in Kapitel 4.1 erläuterte, gegenseitige Vertrauen beider Parteien.[41] Weiterhin ist ein sinnvoller Mittelweg zwischen vertraglichen Vereinbarungen und flexiblen Anpassungsmöglichkeiten für ein erfolgreiches Beziehungsmanagement erforderlich.[42] Alle beschriebenen Erfolgsfaktoren setzen voraus, dass eine intensive Kommunikation zwischen den Mitarbeitern des Unternehmens sowie den Mitarbeitern des Lieferanten stattfindet.[43] Wie das koordiniert werden kann, ist Thema des folgenden Kapitels.

---

[36] vgl. Maleri (2001), S. 137.
[37] vgl. Zarnekow (2007), S. 71.
[38] vgl. Berning (2001), S. 110; vgl. Burr/Stephan (2006), S. 89.
[39] vgl. Boutellier/Wagner (2001), S. 53-54.
[40] vgl. aus dem Englisch, Filho (2009), S. 61-62.
[41] vgl. Boutellier/Wagner (2001), S. 53-54.
[42] vgl. Böttcher (2008), S. 79.
[43] vgl. Boutellier/Wagner (2001), S. 53-54.

4.3 Koordination durch unternehmensübergreifende Teams

Bereits in Kapitel 2.2 ist die Aufteilung der Beschaffungsfunktion in das Sourcing-Office und mehrere Sourcing-Manager als Umsetzungsmöglichkeit des IT-Outsourcings vorgestellt worden. Für eine langfristige Zusammenarbeit mit den Schlüssellieferanten bedarf es allerdings unternehmensübergreifender Teams, die für die Koordination aller der Geschäftsbeziehung betreffenden Anliegen verantwortlich sind.[44] Derartige Teams bilden sich durch Mitarbeiter des Key Supplier Managements auf der Beschafferseite und durch die Mitarbeiter des Key Account Managements[45] auf der Anbieterseite. Hierbei kann es sich sowohl um Arbeitsgruppen mit persönlichen Treffen, als auch um virtuelle Teams handeln, die insbesondere über das Internet kommunizieren und meistens international aufgestellt sind.[46]

Mitglieder unternehmensübergreifender Teams sind in vielerlei Hinsicht gefordert und gelangen dabei nicht selten in Interessenkonflikte, da sie die Schnittstelle zwischen internen Abteilungen mit unterschiedlichen Anforderungen und externen Unternehmen mit einer nicht immer flexiblen Produktbandbreite bilden.[47] Die größten internen Herausforderungen bestehen dabei für das Key Supplier Management darin, gemeinsame Ziele und Strategien festzulegen sowie eine Akzeptanz für die Standardisierung von Leistungen bei den Mitarbeitern zu schaffen. Aus externer Betrachtungssicht ist vor allem die Fähigkeit des Teams zur Selbstführung als Herausforderung für das unternehmensübergreifende Team zu nennen.[48]

Ein Modell von Mühlmeyer, das auf einen Ansatz von Zupancic aufsetzt und im Anhang auf Seite A10 abgebildet ist, berücksichtigt die genannten Herausforderungen und ermöglicht die erfolgreiche Zusammenarbeit eines unternehmensübergreifenden Teams. Demnach werden zunächst eine Teamvision und Ziele festgelegt. Anschließend geht es um die Definition von Subprozessen und Aufgaben, die durch die Mitglieder zu erledigen und vom Teamleiter zu überprüfen sind. Jedes Mitglied sollte dabei einem

---

[44] vgl. Belz/Mühlmeyer (2001b), S. 189.
[45] s. zum Begriff „Key Account Management" Glossar, S. IV; s. zur Gegenüberstellung der Ansätze des Key Supplier Managements und des Key Account Managements S. A8.
[46] vgl. Mühlmeyer/Zupancic (2001), S. 192-193; vgl. aus dem Englischen, Schramm-Klein/Morschett (2006), S. 248.
[47] vgl. Belz/Mühlmeyer (2001b), S. 189; vgl. Seckinger/Wentzel (2009), S. 100.
[48] vgl. Mühlmeyer (2001), S. 63; vgl. Schwendner (2002), S. 217.

Pendant des anderen Unternehmens gegenüberstehen, um kurze Kommunikationswege und damit schnelle Entscheidungen zu ermöglichen.

Weiterhin sieht das Modell Koordinationsinstrumente vor, die je nach Ausprägung der Dynamik und Interdependenzen der Aufgaben die Koordination steuern. Wie in Abbildung 1 ersichtlich, wird bei hohen Wechselwirkungen und wenigen Veränderungen im Zeitverlauf die Koordination in Kleingruppen geregelt, während bei niedriger Aufgabeninterdependenz und hoher Aufgabendynamik die Koordination durch Task-Owner erfolgt, die für die Erledigung einzelner Aufgaben verantwortlich sind. Ist beides hoch, koordiniert das gesamte Team; ist beides niedrig, wird durch Pläne und Standards koordiniert. Abschließend

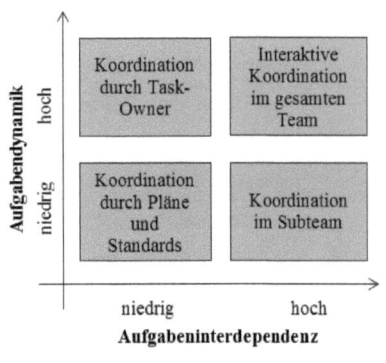

Abbildung 1: Unternehmensübergreifende Teams[51]

erfolgt eine Erfolgskontrolle, die die Überprüfung der Zielerreichung ermöglicht.[50] Inwieweit diese Vorgehensweise für den Praxiseinsatz geeignet ist, wird im folgenden Kapitel bewertet.

5. Fazit und Ausblick

In dieser Ausarbeitung ist das Beziehungsmanagement als Bestandteil des Key Supplier Managements vorgestellt worden. Der beschriebene und bewertete Outsourcing-Prozess der WAN-Infrastruktur hat dabei die Bedeutung der Koordination unternehmensübergreifender Teams verdeutlicht. Diese stellen eine gute Kommunikationsmöglichkeit im Rahmen des Beziehungsmanagements dar, sofern das Unternehmen und der Outsourcing-Partner offen und transparent miteinander umgehen.

---

[49] in Anlehnung an Zupancic (2001), S. 106 gesehen in Mühlmeyer/Zupancic (2001), S. 207.
[50] vgl. Mühlmeyer/Zupancic (2001), S. 204-207.

Eine weitere, wichtige Voraussetzung für die Umsetzung eines unternehmensübergreifenden Teams ist, dass sich die Teams eigenständig entfalten können, anstatt von bürokratischen Machenschaften umgeben zu sein.[51] Dies kann durch moderne Führungsstile erfolgen, die nicht wie das allgemeine Management Ergebnisse, sondern Veränderungen priorisieren.[52]

Trotz der in dieser Ausarbeitung dargestellten Ansätze bleibt jedoch festzuhalten, dass es keine allgemein gültige Struktur eines unternehmensübergreifenden Teams gibt. Diese hängt u.a. von der Unternehmenskultur, den wirtschaftlichen Rahmenbedingungen sowie den Zielen und Kernkompetenzen des Unternehmens ab. Letztere werden im Zuge des noch immer anhaltenden Outsourcing-Trends eine immer wichtigere Rolle einnehmen. Dabei wird es auch in Zukunft vor allem um die Frage gehen, wie ein Service am kostengünstigsten in Betrieb genommen werden kann. Die Folge sind Standardisierungen, die an die sich verändernden Begebenheiten angepasste Modelle für das Beziehungsmanagement in Unternehmen erfordern. Andernfalls wird das Paradoxon wahr, das Gary Hamel prognostiziert: „… managers will be needed to manage the managers."[53]

---

[51] vgl. aus dem Englischen, Hamel (2012), S. 3.
[52] vgl. aus dem Englischen, Kotter (2001), S. 2; vgl. S. A17.
[53] vgl. aus dem Englischen, Hamel (2012), S. 1.

II. Anhangsverzeichnis

Anhang 1: Kriterien für Eigenfertigung und Fremdbezug A1

Anhang 2: Organisatorische Umsetzung des IT-Outsourcings A3

Anhang 3: Komponenten und Phasen der IT im Kontext des Outsourcings A4

Anhang 4: Gegenüberstellung der Ziele strategischer und operativer Beziehungen .. A5

Anhang 5: Ziele des Supplier Relationship Managements A6

Anhang 6: Anforderungen an das Supplier Management nach ITIL® A7

Anhang 7: Gegenüberstellung der Ansätze des Key Supplier Managements und des Key Account Managements A8

Anhang 8: Koordinationsmodell für unternehmensübergreifende Teams A10

Anhang 9: Value Chain from Resource Units to Business Services A11

III.   Anhang

Anhang 1: Kriterien für Eigenfertigung und Fremdbezug

Kriterium	Gründe für Eigenfertigung	Gründe für Fremdfertigung
Qualität	• Hohe Flexibilität bei Änderungen der Anforderungen • Laufende Kontrolle der Qualität • Ausnutzung eigener Schutzrechte und des internen Know-hows	• Gezielte Problemlösungen durch Spezialisierungen • Hohe Qualität durch Spezialisierung • Einsatz umfassender Prüfmethoden auch bei kleineren Services
Kapazitäten	• Auslastung vorhandener Kapazitäten (Personal, Serverleistungen usw.)	• Abbau von Kapazitätsengpässen und damit gleichmäßige Auslastung
Investitionen	• Verminderung steuerpflichtiger Gewinne durch Investitionen • Modernisierung und Spezialisierung	• Keine Kapitalbindung durch zusätzliche Investitionen • Konzentration der Finanzmittel auf Kerngeschäft
Kosten	• Ersparung von Lieferantengewinnen sowie außerbetrieblichen Transport- und Verpackungskosten • Unabhängigkeit von ungerechtfertigten Preiserhöhungen wg. Lieferantenmonopol	• Verlagerung von nicht das Kerngeschäft betreffenden Tätigkeiten sorgen für Kostenreduzierung insbesondere in den Bereichen Entwicklung, Lagerung, Löhne und Subventionen • Keine Umweltauflagen

Zeit	• Schnelle Reaktion bei geänderten Anforderungen • Direkte Weisungsbefugnisse sparen Zeit • Genaue Überwachung der Termineinhaltung	• Geringe Entwicklungszeit und kürzere Durchlaufzeit wegen Spezialisierung • Abruf von Lieferungen nach Bedarf
Risiko	• Geheimhaltung des Know-hows vor der Konkurrenz	• Risikostreuung durch Verteilung auf mehrere Lieferanten • Weitergabe des Ausfallrisikos
Sonstige	• Kein geeigneter Anbieter vorhanden • Keine Auflagen bzgl. Umweltschutz • Verstärken der Unternehmensautonomie	• Reklamationsmöglichkeiten • Spezialisierung des eigenen Unternehmens auf Leitungen mit wesentlichem Know-how-Anteil • Konzentration auf das Kerngeschäft

Tabelle 1: Kriterien für Eigenfertigung und Fremdbezug[54]

[54] in Anlehnung an Endler (1992), S. 131.

Anhang 2: Organisatorische Umsetzung des IT-Outsourcings

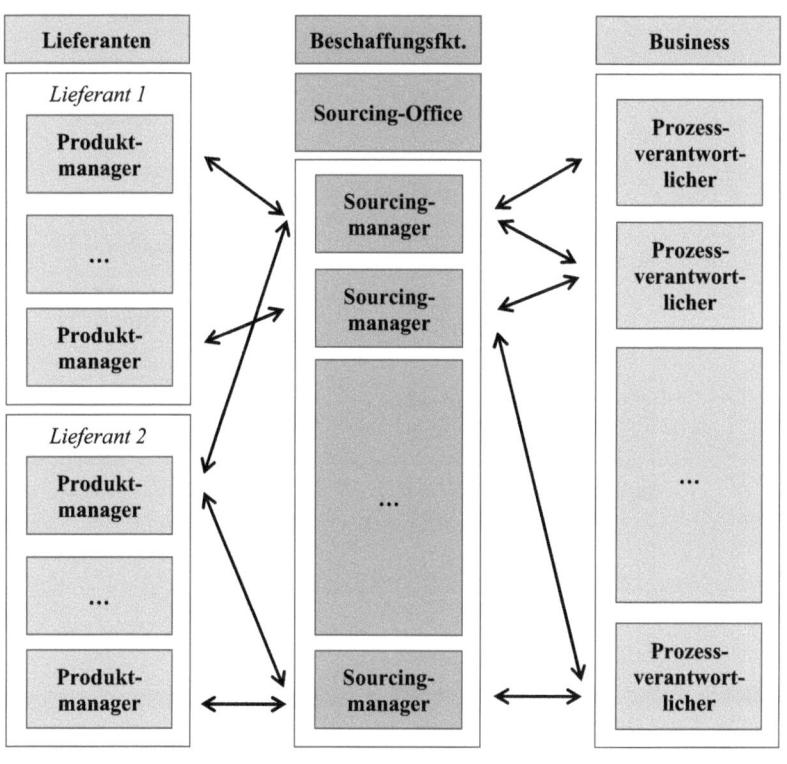

Abbildung 2: Organisatorische Umsetzung des IT-Outsourcings[55]

---

[55] in Anlehnung an Zarnekow (2007), S. 73.

Anhang 3: Komponenten und Phasen der IT im Kontext des Outsourcings

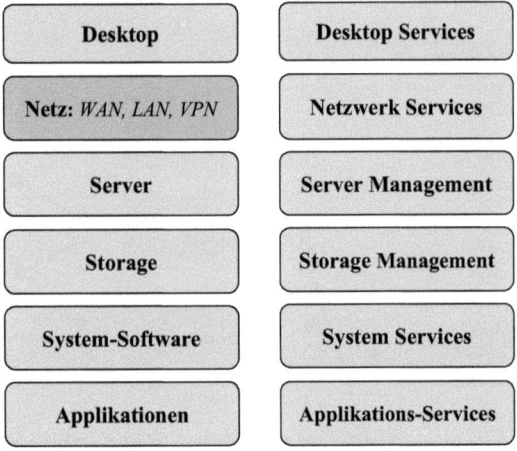

Desktop	Desktop Services
Netz: *WAN, LAN, VPN*	Netzwerk Services
Server	Server Management
Storage	Storage Management
System-Software	System Services
Applikationen	Applikations-Services

Abbildung 3: Komponenten und Phasen der IT im Kontext des Outsourcings[56]

---

[56] in Anlehnung an Küchler (2004), S. 56.

Anhang 4: Gegenüberstellung der Ziele strategischer und operativer Beziehungen

Perspektive	strategisch	operativ
Beidseitig	• Aufbau und Nutzung von Informations- und Innovationspotential sowie Kooperations- und Synergiepotential • Senkung von Transaktionskosten • Reduktion von Transaktionsrisiken	• Partnerschaftliches Verhalten • Effizientere Nutzung von Ressourcen • Gemeinsamer Aufbau von Know-how • Verminderung des Risikos in Einzeltransaktionen
Aus Sicht des Providers	• Bindung des Kunden, Sicherung von Wiederverkäufen • Sicherung dauerhafter Deckungsbeiträge • Schaffung von Referenzpotential	• Kapazitätsauslastung • Erhöhung der Toleranz und Preisbereitschaft des Kunden • Relativer Umsatz, Gewinn
Aus Sicht des Kunden	• Sicherung dauerhafter Beschaffungspotentiale • Verringerung der Fertigungstiefe • Einflussnahme auf den Provider	• Bevorzugte Behandlung durch den Lieferanten, insbesondere in Engpass-Situationen • Individuelle Spezifikation von Problemlösungen

Tabelle 2: Gegenüberstellung der Ziele strategischer und operativer Beziehungen[57]

---

[57] in Anlehnung an Kleinaltenkamp/Saab (2009), S. 210.

Anhang 5: Ziele des Supplier Relationship Managements

- Optimierung der Beziehungen zur gesamten Lieferantenbasis
- Reduzierung der Prozesskosten und Durchlaufzeiten für strategische und operative Beschaffungsprozesse
- Reduzierung der Einstandspreise
- Erhöhung der Prozessqualität
- Kontinuierliche Kontrolle und Analyse der Einkaufsprozesse und Lieferanten-Performance

---

Abbildung 4: Ziele des Supplier Relationship Managements[58]

---

[58] in Anlehnung an Appelfeller/Buchholz (2005), S. 5; vgl. auch Corsten/Hofstetter (2001), S. 130-131; vgl. auch Hofbauer/Hellwig (2009), S. 402-408.

Anhang 6: Anforderungen an das Supplier Management nach ITIL®

- Es existiert ein dokumentierter Prozess für das Lieferantenmanagement
- Es gibt einen verantwortlichen Contract Manager pro Lieferant
- Es erfolgt ein Abgleich der SLA zum Kunden mit den Lieferantenvereinbarungen
- Es existieren Vereinbarungen und Dokumentationen genutzter Prozessschnittstellen
- Major Review des Vertrages erfolgen regelmäßig:
  - Mindestens jährlich
  - Werden Bedürfnisse des Business noch erfüllt?
  - Werden Vereinbarungen noch erfüllt?
- Änderungen an SLA und ggf. an den Verträgen folgen diesen Meetings und unterliegen dem Change Management
- Es existieren etablierte Prozesse für:
  - Behandlung von Vertragsstreitigkeiten
  - Umgang mit erwartetem oder vorzeitigem Ende der Zusammenarbeit
  - Übergang von Services auf andere Lieferanten

Abbildung 5: Anforderungen an das Supplier Management nach ITIL®[59]

---

[59] in Anlehnung an Beims (2010), S. 221.

Anhang 7: Gegenüberstellung der Ansätze des Key Supplier Managements und des Key Account Managements

Ansätze des Key Supplier Managements	Ansätze des Key Account Managements
(Drastische) Senkung der Lieferantenzahl und Steigerung der Lieferantenqualifikation (Audit und Qualifikation von Lieferanten, Forderungen und Projekte); Single-Sourcing für eine konzentrierte Zusammenarbeit; Gestaltung des Lieferantenportfolios	Selektion und konzentrierte Bearbeitung von Schlüsselkunden sowie Steigerung der Kundenqualifikation; Gestaltung des Kundenportfolios zwischen Risikoausgleich und konzentrierter Zusammenarbeit
Nutzung des Know-hows und des Potentials von Lieferanten für Innovationen sowie für Exklusivität; Schutz des eigenen Know-hows	Entwicklungszusammenarbeit mit Key Accounts und breite Nutzung von Innovationen; Schutz des eigenen Know-hows
Global-Sourcing zur Nutzung der weltweit besten und günstigsten Beschaffungsquellen	Ausbau der weltweiten Lieferanteile für sämtliche Beschaffungseinheiten des Kunden und globales Wachstum mit Schlüsselkunden
Weltweite Zusammenarbeitsstandards für Lieferanten in jedem Leistungsbereich	Internationale Leistungs- und Preisdifferenzierung
Gezielte Zusammenarbeit mit den besten Lieferanten in jedem Leistungsbereich	Cross Selling und Verbreitung der Zusammenarbeit mit Schlüsselkunden in mehreren Leistungsbereichen und Sparten des Anbieters
Multiple-Sourcing zur Vermeidung von Lieferengpässen und Steigerung des Wettbewerbs zwischen Lieferanten	(Teilweise) Kooperation zwischen Lieferanten
Steigerung der Gesamtwirtschaftlichkeit	Leistungssysteme und

(Berücksichtigung der Gesamtkosten); Steigerung der eigenen Erträge (Zusammenarbeit als Gegenleistung ohne Erfolgsbeteiligung)	Wirtschaftlichkeitspakete für Key Accounts; Steigerung der verrechneten Leistungsbausteine
Modular-Sourcing und Outsourcing, Delegation von Innovation, Leistungen, Koordination, Gesamtverantwortung usw. an Lieferanten	Steigerung der Wertschöpfung für Kunden und Integration bisheriger Leistungen des Kunden; Realisierung umfassender Kernkompetenzen
Langfristige Geschäftsbeziehungen und Diskussion der gesamten Geschäfts-potentiale (aktuell und zukünftig, Umsätze und Erträge, Referenzwirkungen usw.) für bessere Konditionen; Berücksichtigung maximaler Geschäftspotentiale bei minimalen Verpflichtungen	Langfristige Geschäftsbeziehungen und verpflichtende, langfristige Verträge (mit klaren Bedingungen für gewährte Preise, Mengen, Leistungen usw.); persönliche Beziehungen für eine vertrauensvolle und effiziente Zusammenarbeit sowie zur Realisierung von Beziehungsvorteilen
Buying Center mit integrierten Spezialisten aus Management, Marketing, Technik, Logistik, Einkauf usw.; funktionale Integration des Einkaufs bei getrennten kommerziellen Verhandlungen (Trennung von Lösung und Konditionen)	Selling Center mit integrierten Spezialisten von Management, Technik, Logistik, Marketing, Verkauf usw.; funktionale Integration des Verkaufs mit dem Ziel integrierter Verhandlungen für Leistungen und Konditionen mit Kunden
Integration der operativen Systeme des Lieferanten (Information, Controlling usw.) in die eigenen Systeme des Unternehmens ohne neue Abhängigkeiten	Integration der operativen Systeme und der Kundenbindung; vom Lieferanten gesteuerte Lösungen

Tabelle 3: Gegenüberstellung der Ansätze des Key Supplier Managements und des Key Account Managements[60]

---

[60] in Anlehnung an Mühlmeyer/Belz (2001), S. 23-24.

A9

Anhang 8:   Koordinationsmodell für unternehmensübergreifende Teams

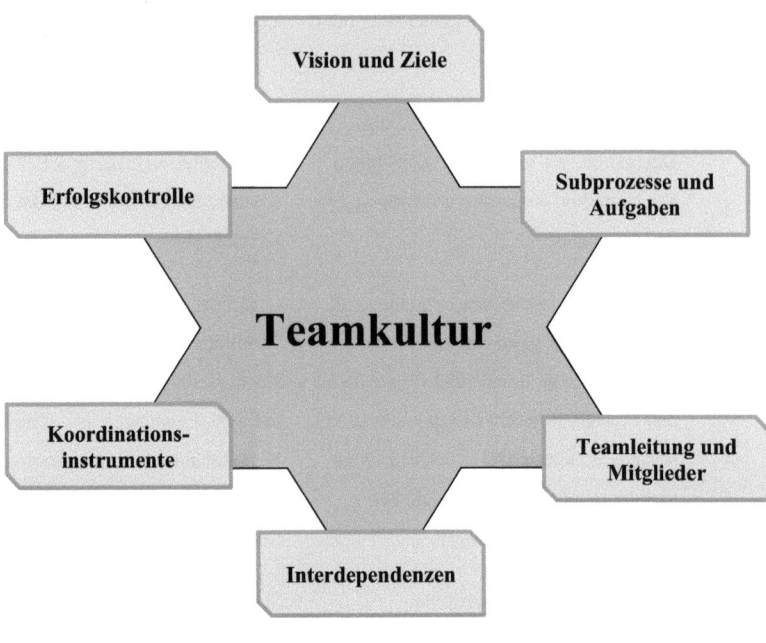

Abbildung 6: Koordinationsmodell für unternehmensübergreifende Teams[61]

---
[61] in Anlehnung an Belz/Mühlmeyer (2001), S. 205.

Anhang 9:   Value Chain from Resource Units to Business Services

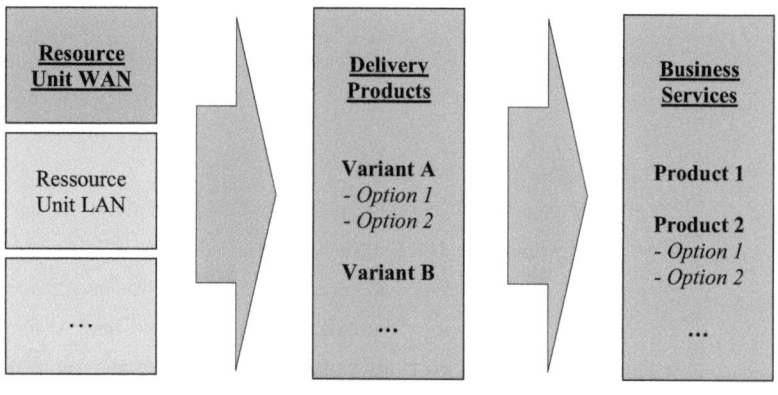

Abbildung 7: Value Chain from Resource Units to Business Services[62]

---

[62] in Anlehnung an o. V. (2011), S. 5.

A11

Fertigungstiefe

Der Anteil der Eigenfertigung an der Gesamtleistung des IT-Dienstleisters.[83] 2

IT Infrastructure Library® (ITIL®)

ITIL® ist eine Best-Practice-Sammlung, die einen Leitfaden für das IT-Service-Management anbietet. Die aktuelle Version 3 ist mit der IT-Service-Management-Norm ISO 20000 konform und besteht aus 5 Kernpublikationen: Service Strategy, Service Design, Service Transition, Service Operation und Continual Service Improvement. Jedes Buch stellt unterschiedliche Prozesse zur Verfügung, die zusammen den Lebenszyklus eines Services abdecken.[84] 5

Key Account Management

Das Key Account Management hat die primäre Aufgabe, langfristige Geschäftsbeziehungen mit Key Accounts aufzubauen und zu sichern.[85] Aus dem Englischen übersetzt sind Key Accounts Schlüsselkunden, die für den langfristigen Erfolg eines Unternehmens von hoher Bedeutung sind.[86] 8

Make-or-Buy-Analyse

Festlegung, welche Dienstleistungen intern erbracht werden und welche durch Externe zu übernehmen sind.[87] 2

---

[83] vgl. Zarnekow (2007), S. 67.
[84] vgl. Böttcher (2008), S. 1-2.
[85] vgl. Buck (1998), S. 91.
[86] vgl. Kotler/Bliemel (1999), S. 1060.
[87] vgl. Hofbauer/Hellwig (2009), S. 326.

Relationship Prozess nach ITIL®

Nach ITIL® werden das Business Relationship Management sowie das Supplier Management den Relationship Prozessen zugeordnet. Während das Business Relationship Management die Kunden im Fokus hat, konzentriert sich das Supplier Management auf die Lieferanten. Das im Vergleich zum Business Management beim Supplier Management fehlende Wort „Relationship" macht deutlich, dass das Beziehungsmanagement im Supplier Management nach ITIL eine untergeordnete Rolle einnimmt.[88] 5

strategisch

Hierbei handelt es sich um die höchste der drei Planungs- und Bereitstellungsebenen strategisch, taktisch und operativ. Beispiele für strategische Tätigkeiten sind das Festlegen von Zielen sowie die langfristige Planung von Visionen.[89] 3

Supplier and Contract Database nach ITIL®

Eine Datenbank zur Verwaltung aller Lieferantenverträge während des gesamten Lebenszykluses.[90] 5

Supplier Management nach ITIL®

Das Supplier Management nach ITIL® stellt einen Prozess im Service Design dar, der gewährleistet, dass alle Lieferantenverträge die Bedürfnisse des Unternehmens unterstützen und alle Vertragsparteien ihren Verpflichtungen nachkommen.[91] 5

Supplier nach ITIL®

Ein Drittanbieter, der verantwortlich ist für die Lieferung von Gütern oder Services, die notwendige Mittel für einen IT-Service darstellen. Beispiele für Supplier nach ITIL® sind Hard- und Softwarelieferanten sowie Telekom-Provider.[92] 5

---

[88] vgl. Beims (2010), S. 220-221.
[89] vgl. Ebel (2008), S. 743.
[90] vgl. Ebel (2008), S. 743.
[91] vgl. Ebel (2008), S. 743.
[92] vgl. Ebel (2008), S. 743.

V. Quellenverzeichnis

Appelfeller, W./Buchholz, W. (2005)

Supplier Relationship Management: Strategie, Organisation und IT des modernen Beschaffungsmanagements, 1. Aufl., Wiesbaden.

Arnold, U. (1995)

Beschaffungsmanagement, 1. Aufl., Stuttgart.

Beims, M. (2010)

IT-Service Management in der Praxis mit ITIL® 3: Zielfindung – Methoden – Realisierung, 1. Aufl., München.

Belz, C./Mühlmeyer, J. (2001a)

Vorwort; in: Belz, C./Mühlmeyer, J. (Hrsg.), Key Supplier Management, St. Gallen, S. 9-11.

Belz, C./Mühlmeyer, J. (2001b)

Interne und externe Koordination des Key Supplier Managements; in: Belz, C./Mühlmeyer, J. (Hrsg.), Key Supplier Management, St. Gallen, S. 189-191.

Berning, R. (2001)

Grundlagen der Produktion: Produktionsplanung und Beschaffungsmanagement, 1. Aufl., Berlin.

Böttcher, R. (2008)

IT-Servicemanagement mit ITIL® V3: Einführung, Zusammenfassung und Übersicht der elementaren Empfehlungen, 1. Aufl., Hannover.

Boutellier, R./Corsten, D. (2000)

Basiswissen Beschaffung, 1. Aufl., München u.a.

Boutellier, R./Wagner, S. (2001)

Strategische Partnerschaften mit Lieferanten; in: Belz, C./Mühlmeyer, J. (Hrsg.), Key Supplier Management, St. Gallen, S. 38-60.

Buck, K. (1998)

Neues Industriegütermarketing: Ganzheitliche Strategien und Konzepte für die Vertriebspraxis, 1. Aufl., Würzburg.

Burr, W./Stephan, M. (2006)

Dienstleistungsmanagement: Innovative Wertschöpfungskonzepte für Dienstleistungsunternehmen, 1. Aufl., Stuttgart.

Corsten, D./Hofstetter, J. (2001)

Supplier Relationship Management: Prozessmanagement in Lieferantenbeziehungen; in: Belz, C./Mühlmeyer, J. (Hrsg.), Key Supplier Management, St. Gallen, S. 130-147.

Ebel, N. (2008)

ITIL® V3 Basis-Zertifizierung: Grundlagenwissen und Zertifizierungsvorbereitung für die ITIL® Foundation-Prüfung, 1. Aufl., München.

Endler, D. (1992)

Produktteile als Mittel der Produktgestaltung; in: Koppelmann, U. (Hrsg.), Beiträge zum Beschaffungsmarketing, 1. Auflage, Köln.

Filho, E. (2009)

Analysis of Current Supplier Relationship Management Practices: A Solution Proposal, 1. Aufl., Karlsruhe.

Haller, S. (2010)

Dienstleistungsmanagement: Grundlagen – Konzepte – Instrumente, 4. Aufl., Wiesbaden.

Hamel, G. (2012)

First, Let's Fire All the Managers,

http://hbr.org/2011/12/first-lets-fire-all-the-managers/ar/pr, Stand: 24.01.2012.

Hermes, V. (2011)

Fremde Expertise ist gefragt; in: Absatzwirtschaft, 54. Jahrgang, Heft: 1-2/12, S. 66-70.

Hofbauer, G./Hellwig, C. (2009)

Professionelles Vertriebsmanagement: Der prozessorientierte Ansatz aus Anbieter- und Beschaffersicht, 2. Aufl., Erlangen.

Kleinaltenkamp, M./Saab, S. (2009)

Technischer Vertrieb: Eine praxisorientierte Einführung in das Business-to-Business-Marketing, 1. Aufl., Berlin u.a.

Kotler, P./Bliemel, F. (1999)

Marketing-Management: Analyse, Planung, Umsetzung und Steuerung, 9. Aufl., Stuttgart.

Kotter, J. (2001)

What Leaders Really Do,

http://hbr.org/2001/12/what-leaders-really-do/ar, Stand: 01.12.2001.

Küchler, P. (2004)

Technische und wirtschaftliche Grundlagen; in: Bräutigam, P. (Hrsg.), IT-Outsourcing: Eine Darstellung aus rechtlicher, technischer, wirtschaftlicher und vertraglicher Sicht, Berlin, S. 51-159.

Maleri, R. (2001)

Grundlagen der Dienstleistungsproduktion; in: Bruhn, M./Meffert, H. (Hrsg.), Handbuch Dienstleistungsmanagement: Von der praktischen Konzeption zur praktischen Umsetzung, Wiesbaden, S. 125-148.

Merkle, E. (2001)

Wissensmanagements – was kann eigentlich unser Schlüssellieferant?; in: Belz, C./Mühlmeyer, J. (Hrsg.), Key Supplier Management, St. Gallen, S. 278-297.

Mühlmeyer, J. (2001)

Internationale Preisharmonisierung im Business-to-Business-Geschäft, 1. Aufl., St. Gallen.

Mühlmeyer, J./Belz, C. (2001)

Key Supplier- und Key Account Management: Konfrontation oder Kooperation zwischen Anbieter und Nachfrager?; in: Belz, C./Mühlmeyer, J. (Hrsg.), Key Supplier Management, St. Gallen, S. 20-35.

Mühlmeyer, J./Zupancic, D. (2001)

Kooperationen von Key-Supplier- und Key-Account-Management; in: Belz, C./Mühlmeyer, J. (Hrsg.), Key Supplier Management, St. Gallen, S. 192-211.

OGC, Office of Government Commerce (2008)
ITIL Service Design, 1. Aufl., London.

Riemer, K./Klein, S. (2002)

Supplier Relationship Management; in: Hildebrand, K. (Hrsg.), Supplier Relationship Management, Heidelberg, S. 5-22.

Schramm-Klein, H./Morschett, D. (2006)

International Supplier Relationship Management: From Transactional to Relational Purchasing; in: Scholz, C./Zentes, J. (Hrsg.), Strategic Management – New Rules for Old Europe, S. 247-272.

Schwendner, R. (2002)

High Value Management: Spitzenerfolge durch innovatives Lernen, Coachen, Führen, 1. Aufl., Wiesbaden.

Seckinger, O./Wentzel, P.-R. (2009)

Damit nichts eskaliert; in: Mechatronik, 117. Jahrgang, Heft 5-6/12, S. 99-100.

Zarnekow, R. (2007)

Produktionsmanagement von IT-Dienstleistungen: Grundlagen, Aufgaben und Prozesse, 1. Aufl., Heidelberg.

Zupancic, D. (2001)

International Key Account Management Teams, in Vorbereitung, St. Gallen.